BEI GRIN MACHT SICH
WISSEN BEZAHLT

- Wir veröffentlichen Ihre Hausarbeit,
  Bachelor- und Masterarbeit

- Ihr eigenes eBook und Buch -
  weltweit in allen wichtigen Shops

- Verdienen Sie an jedem Verkauf

Jetzt bei www.GRIN.com hochladen
und kostenlos publizieren

Arthur Kaiser

Anonyme Nutzung virtueller sozialer Netzwerke und Gemeinschaften durch eingeschränkte Benutzergruppen

Problemdimensionen und Lösungsansätze

GRIN Verlag

Bibliografische Information der Deutschen Nationalbibliothek:

Die Deutsche Bibliothek verzeichnet diese Publikation in der Deutschen National-
bibliografie; detaillierte bibliografische Daten sind im Internet über http://dnb.d-
nb.de/ abrufbar.

Impressum:

Copyright © 2008 GRIN Verlag GmbH
Druck und Bindung: Books on Demand GmbH, Norderstedt Germany
ISBN: 978-3-638-92318-7

Dieses Buch bei GRIN:

http://www.grin.com/de/e-book/86429/anonyme-nutzung-virtueller-sozialer-netz-
werke-und-gemeinschaften-durch

GRIN - Your knowledge has value

Der GRIN Verlag publiziert seit 1998 wissenschaftliche Arbeiten von Studenten, Hochschullehrern und anderen Akademikern als eBook und gedrucktes Buch. Die Verlagswebsite www.grin.com ist die ideale Plattform zur Veröffentlichung von Hausarbeiten, Abschlussarbeiten, wissenschaftlichen Aufsätzen, Dissertationen und Fachbüchern.

Besuchen Sie uns im Internet:

http://www.grin.com/

http://www.facebook.com/grincom

http://www.twitter.com/grin_com

Anonyme Nutzung virtueller sozialer Netzwerke und Gemeinschaften durch eingeschränkte Benutzergruppen

Problemdimensionen und Lösungsansätze

Arthur Kaiser

Seminararbeit

Fachbereich Informatik und Medien

Fachhochschule Brandenburg an der Havel

WiSe 07/08

Privacy

Kurzfassung

Die anonyme Nutzung von asynchronen Kommunikationsmitteln ist in Zeiten von Vorratsdatenspeicherung und personalisierter Werbung ein wichtiges Thema. In der vorliegenden Arbeit wird insbesondere auf Probleme sowie technische Aspekte eingegangen. Es werden Ansätze aufgezeigt, die einen datensparsamen Betrieb von Webangeboten mit interpersonellen Kommunikationsmöglichkeiten am Beispiel eines sozialen Netzwerkes einer Hochschule ermöglichen.

Inhaltsverzeichnis

1. Einleitung

Computervermittelte Kommunikation, insbesondere in Form von virtuellen Gemeinschaften, hat einen festen Platz im Alltagsleben der Bevölkerung von Industrieländern eingenommen. Die bei der Kommunikation anfallenden Daten wecken zunehmend Begehrlichkeiten seitens der Unternehmen sowie staatlichen Stellen. Die EU Richtlinie zur Vorratsdatenspeicherung (vgl. [AEU06]), die vor kurzem vom Bundestag verabschiedete und vom Bundesrat genehmigte Umsetzung im deutschem Recht (vgl. [Pa07]) sowie weitere Vorschläge zur Überwachung der computervermittelten Kommunikation seitens des Innenministeriums verdeutlichen diese Entwicklung (vgl. [Bo07]).

Wo jedoch keine Daten gespeichert und gesammelt werden, können diese auch nicht für Werbe- und Überwachungszwecke missbraucht werden. Trotz der jüngsten gesetzgeberischen Entwicklung gilt nach wie vor das Prinzip der Datenvermeidung und Datensparsamkeit, welches im §3a des Bundesdatenschutzgesetzes festgeschrieben ist. Dort heißt es:

„Gestaltung und Auswahl von Datenverarbeitungssystemen haben sich an dem Ziel auszurichten, keine oder so wenig personenbezogene Daten wie möglich zu erheben, zu verarbeiten oder zu nutzen. Insbesondere ist von den Möglichkeiten der Anonymisierung und Pseudonymisierung Gebrauch zu machen, soweit dies möglich ist und der Aufwand in einem angemessenen Verhältnis zu dem angestrebten Schutzzweck steht." [BDSG06] §3a

Die Reaktion auf die gesetzgeberische Entwicklung sind Initiativen wie „Wir speichern nicht" (vgl. [WSN07]), welche Gütesiegel an Betreiber vergeben, deren Internetangebote vorgegebene Kriterien erfüllen und sich auf ein notwendiges Minimum an Datenspeicherung beschränken. Um jedoch unerwünschtem Nutzerverhalten begegnen zu können und die Qualität der bereitgestellten Inhalte zu erhalten oder zu steigern, werden bestimmte Daten benötigt. Welche Daten sind wirklich notwendig, um auftretende Probleme zu lösen und auf welche kann verzichtet werden?

Die vorliegende Arbeit stellt an einem Fallbeispiel häufige Probleme vor und diskutiert mögliche Lösungsansätze, welche gemäß dem oben zitiertem §3a auf Datensparsamkeit ausgerichtet sind. Nachfolgend wird zunächst auf zentrale Begriffe eingegangen.

2. Begriffsbestimmung

2.1. Gruppe

Der Begriff Gruppe ist vielfach mehr oder weniger eng von diversen Autoren definiert worden. Für die vorliegende Arbeit wurde die im Folgenden aufgeführte Definition von [Ol59] ausgewählt:

„Eine Gruppe kann definiert werden als eine Mehrheit von Individuen, die in Kontakt miteinander stehen, aufeinander reagieren und in wesentlichen Punkten Gemeinsamkeiten erleben" ([Ol59] S. 21).

Diese Definition lässt sich gut auf computervermittelte Kommunikation in Gruppen anwenden. Die Benutzer einer Kommunikationsplattform, wie bspw. eines Forums, stehen miteinander in Kontakt, reagieren auf die Äußerungen anderer Teilnehmer und erleben gemeinsame Kommunikation.

2.2. Virtuelle Gemeinschaft

So vielfach die Definitionen für den Begriff Gruppe in der wissenschaftlichen Literatur diskutiert wird, so selten sind Definitionen für den Begriff Gemeinschaft zu finden. Dies liegt vor Allem daran, dass Klein- und Kleinstgruppen als Forschungsgegenstand dominieren (vgl. [Dö03] S. 490). Folgt man weitgehend Dörings Definition[1] von Gemeinschaften (ebd. S. 493), lässt sich eine virtuelle Gemeinschaft folgendermaßen definieren:

Eine virtuelle Gemeinschaft besteht aus virtuellen sozialen Gruppen, die durch einen besonderen sozio-emotionalen Bezug der Mitglieder gekennzeichnet ist.

Werden empirische Befunde zu Emotionen bei der computervermittelten Kommunikation berücksichtigt, kann eine niedrigere Schwelle zu einem besonderen, sozio-emotionalen Bezug angenommen werden, als dies bei einer face-to-face Kommunikation der Fall wäre. Dies bedeutet unter anderem, dass beispielsweise die verwendete Sprache emotional ärmer ist (vgl. [RiLo87]).

---

[1] Weiterführend als bei Döring wird die Definition von „Virtuelle Gemeinschaften" durch Höflich diskutiert (vgl. [Hö03] S. 65 ff.). Dabei geht er sowohl auf eine gruppenunabhängige als auch gruppenabhängige Definition ein, stellt jedoch keine eigene Definition auf.

2.3. Virtuelle soziale Netzwerke

Ein virtuelles soziales Netzwerk ist eine virtuelle Gemeinschaft, in welcher softwarege-stützt Kontaktbeziehungen einzelner Individuen visualisiert werden. Diese Visualisierung kann beispielsweise zur Beurteilung der sozialen Kompetenz (z.b. Anzahl der Kontakte) und anderer Eigenschaften wie Oberflächlichkeit/Wahllosigkeit (erhöhte Anzahl von Kontakten) herangezogen werden oder zur Bewertung der Beiträge dienen. Beispielsweise kann ein Beitrag differenzierter beurteilt werden, wenn der Urheber Kontakte zu eigenen Kontaktpersonen unterhält. Ein weiterer Unterschied zum Forum ist, dass der Nutzer selbst Gruppen anlegen oder Gruppen beitreten kann. Dies ist z.B. bei XING [XI07] und StudiVZ [SV07] der Fall, wobei der Nutzer die Möglichkeit hat, innerhalb dieser Gruppen forum-ähnlich zu diskutieren. Dabei üben der Gruppengründer und ggf. von ihm willkürlich bestimmte Moderatoren, neben dem Netzbetreiber, die Kontrolle über die Beiträge aus. Diese Web 2.0 Dienste (vgl. [Or05]) haben allerdings mit den gleichen Problemen wie klassische Foren, Usenet Gruppen und andere Kommunikationsformen zu kämpfen: Flaming[2], Spam[3], Lurging[4], Fakes[5] und andere unerwünschte Verhaltensweisen (vgl. [Me07]). Hinzu kommen weitere Probleme, die sich aus der Verknüpfung der Profile ergeben.

3. Fallbeispiel

Für die weiteren Ausführungen wird das Beispiel eines virtuellen sozialen Netzes verwendet, dessen Nutzergruppe auf Angehörige einer Hochschule beschränkt ist. Der Nutzgruppe gehören einige hundert bis mehrere tausend Individuen an.

Unter der Beachtung geltender deutscher Gesetzgebung für Betreiber von Telemedien-diensten, Datenschutzbestimmungen (vgl. [TMG07], [BDSG06]) sowie Gesetze zum Ur-heberrecht (vgl. [URG07]) sollen nachfolgend beschriebene Nutzungsmöglichkeiten er-reicht werden.

Dozenten und wissenschaftliche Mitarbeiter können Veranstaltungsgruppen (Vorlesungs-, Seminar-, Übungs- und Tutoriumsgruppen) gründen, veranstaltungsbegleitende Dokumen-

---

[2] Unter Flaming werden ausfallende, beleidigende und ähnlich geartete verbal aggressive Beiträge verstanden (vgl. [Co92], [Le92] S. 89-112).
[3] Spam bezeichnet unerwünschte Nachrichten, unverlangte Informationen und ähnliches.
[4] Lurging bezeichnet das Lesen von Beiträgen anderer Nutzer ohne sich jedoch selbst zu beteiligen.
[5] Fake (dt. „die Fälschung", „der Schwindel") bezeichnet die bewusste Täuschung durch falsche Identitäten, Verzerrung des Kontextes, etc.

te hinzufügen und verwalten. Weiterhin sollen Administrations- und Moderationsmöglichkeiten für Textbeiträge innerhalb der Gruppe gegeben sein. Die Administrationsrechte sollen ebenso vom Gruppengründer differenziert an dritte Gruppenmitglieder vergeben oder übertragen werden können.

Gruppen, welche nicht von Dozenten oder Mitarbeitern gegründet werden, also Studentengruppen, werden als solche gekennzeichnet. Das Hinzufügen von Dateien soll in diesen Gruppen aufgrund des Potenzials für Verstöße gegen das Uhrhebergesetz nicht zugelassen werden. Die Administrations- und Moderationsmöglichkeiten sollen denen der Veranstaltungsgruppen entsprechen. Zusätzlich sind bestimmte Gruppenbeitrittsbedingungen denkbar, um private Kommunikation in Klein- und Kleinstgruppen zu ermöglichen. Weiterhin soll auch ein Nachrichtensystem vorhanden sein, über welches sich die Nutzer gegenseitig E-Mail-ähnliche Nachrichten schicken können.

Der minimale Datenbedarf besteht aus den Daten, welche für die einmalige Überprüfung der Hochschulzugehörigkeit notwendig sind, Authentifizierungsdaten sowie Daten, die für die Überprüfung der Angaben der Zugehörigkeit zur Gruppe der Dozenten und Mitarbeiter benötigt werden.

4. Verbreitete Probleme und Lösungsansätze

Exemplarisch werden hier drei häufige Probleme genannt und klassische Lösungsansätze dessen diskutiert.

1. Fakes: Nutzer geben eine falsche Identität an. Insbesondere wird die Identität einer anderen Person verwendet, um die ihr erteilten Rechte und ihr Resümee für eigene Zwecke zu verwenden.

2. Weitere falsche Angaben: Zugehörigkeit zur Hochschule, da nur eine bestimmte Personengruppe zugelassen werden soll sowie Angabe der Tätigkeit als Dozent bzw. wissenschaftlicher Mitarbeiter.

3. Benutzerkontolöschung bzw. -Sperrung bei Spam, Flame und anderem unerwünschtem Verhalten

Eine häufig eingesetzte Lösung zu erstem Problem ist die Forderung nach bestimmten persönlichen Informationen oder Dokumenten, welche dazu geeignet sind, die angegebene Identität zu belegen. Diese Lösung erfordert jedoch einen hohen personellen und finanziellen Aufwand. Zudem fallen sensible persönliche Daten an, was jedoch zu vermeiden ist.

Eine Lösung zum zweiten Problem ist die Erfassung und Überprüfung weiterer personenbezogener Daten. Beispielsweise ist dies bei Studenten die Matrikelnummer, bei Dozenten und Mitarbeitern die Personalnummer. Die Überprüfung ist ebenfalls aufwendig, zudem aus Datenschutzgründen bedenklich und ggf. nicht durchführbar.

Bei unerwünschtem Verhalten, wie der massenhaften Verbreitung unerwünschter Informationen bzw. Angebote, insbesondere kommerzieller Natur, Beleidigungen und anderem unsozialem Verhalten wird häufig des Benutzerkonto des jeweiligen Benutzers gesperrt oder gelöscht. Dabei fallen keine persönlichen Daten an. Das Problem besteht jedoch darin, dass das ausgeschlossene Individuum sich jederzeit ohne viel Aufwand beim System neu registrieren kann. Störer haben eventuell für den Fall des Ausschlusses bereits mehrere Benutzerkonten eingerichtet und können ungehindert weiter stören. Ausgehend von den Datenbeständen für die Lösung der Probleme eins und zwei kann auf diese zurückgegriffen werden, falls sie nicht bei der Löschung des Benutzerkontos ebenfalls gelöscht wurden. Anderenfalls müssen sie wieder erhoben und überprüft werden.

Datenbestände wecken, wie in der Einleitung beschrieben, nicht nur seitens der Unternehmen sowie staatlichen Stellen Begehrlichkeiten, sondern auch bei denjenigen mit kriminellen Motiven. Besondere Maßnahmen zum Schutz der erhobenen Daten vor unbefugter Nutzung sind deshalb unbedingt notwendig. Diese Maßnahmen verursachen zusätzliche Kosten, welche ebenfalls vermieden werden können.

5. Authentifizierung durch Drittsysteme

Die bisher besprochenen Lösungen benötigen sensible, personenbezogene Daten. Die Prüfung und Datenhaltung dieser ist mit hohem Aufwand und Kosten verbunden. In diesem Abschnitt werden praxisnahe Ansätze zur Lösung dieser Probleme besprochen, welche mit einem minimalen Datenbedarf auskommen.

Eine Möglichkeit der Datenvermeidung ist die Nutzung von bereits vorhandenen Drittsystemen und Diensten. Ausgehend vom Fallbeispiel kommen gleich mehrere Systeme in Betracht. Neben Intranetsystemen wie Fileserver, LDAP usw. kommen vor allem typische Internetdienste in Betracht: (S)FTP, SSH und E-Mail. Diese drei Dienste sind vielfach verbreitet. Aufgrund der hohen Nutzung des Dienstes E-Mail beziehen sich die nachfolgenden Ausführungen auf die Authentifizierung unter zur Hilfenahme dieses Dienstes.

Über Verwendung standardisierter Kommunikationsprotokolle kann ein Webserver, der das soziale virtuelle Netz beherbergt, Kontakt mit dem Mail-Server aufnehmen und ein Login mit den zuvor durch den Benutzer in ein Web-Formular eingegebenen Benutzerdaten durchführen, ohne jedoch E-Mails zu übertragen. Ist das Login erfolgreich, beendet der Webserver die Verbindung. Wird stattdessen ein Fehler vom Mail-Server zurückgegeben, meldet der Webserver dies dem Benutzer, welcher seine Benutzerdaten nochmals eingeben kann. Dies stellt die nachfolgende Abbildung 5-1 dar.

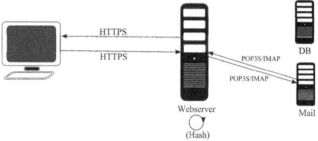

Abbildung 5-1: Authentifizierung durch E-Mail Server

Zusätzlich ist außerdem das Bilden eines Hash-Wertes dargestellt. Dieser wird vom eingegebenen Benutzernamen erstellt und dient dazu, dem System mitzuteilen welcher Benutzer sich gerade angemeldet hat. Auf diesen Aspekt und die Datenhaltung wird noch an einer späteren Stelle eingegangen.

Dies Vorgehen führt zur Lösung mehrerer Probleme, ohne dass dafür Daten anfallen. Authentifizierungsdaten müssen nicht erhoben und verarbeitet werden. Es muss lediglich der Mailserver angegeben werden. Ist bei einer Hochschule nur ein Mailserver vorhanden, entfällt auch dies. Die Daten müssen nicht geprüft und verwaltet werden. Besondere Sicherheitsmaßnahmen entfallen ebenfalls. Da nur die Angehörigen der Hochschule über ein entsprechendes Benutzerkonto verfügen, ist sichergestellt, dass Dritte keine Registrierung vornehmen können. Mehrfachanmeldungen sind ebenfalls ausgeschlossen.

Wird ein Hash des Benutzernamens verwendet, kann ein Benutzer zuverlässig gesperrt oder aus dem System dauerhaft ausgeschlossen werden. Um eine Neuanmeldung zu verhindern ist es jedoch notwendig eine „Blacklist" mit gesperrten Hashs zu führen.

Der bedeutendste Nachteil ist, dass Vertrauen in den Betreiber des sozialen virtuellen Netzwerkes bestehen muss. Der Benutzer kann sein Passwort für den Mailserver zwar jederzeit ändern, zwischenzeitlich kann der Betreiber jedoch die Benutzerdaten abspeichern und für eigene Zwecke missbrauchen. Ist der Betreiber die Hochschule selbst, ist ein gewisses Maß an Vertrauen gegeben, da auch der Mailserver von dieser betrieben wird.

Eine weitere Möglichkeit ist die Nutzung von Systemen wie OpenID. Das System basiert auf URL, der Benutzername ist also eine URL zu dem OpenID Server.

Zunächst wird die Webseite auf dem Server durch den Client aufgerufen (1). Der Webserver liefert die Webseite aus, welche das Formular zur Eingabe der OpenID URL enthält (2). Der Benutzer gibt seine OpenID URL ein, schickt diese an den Webserver (3), welcher daraufhin den Client per Browser-Redirect mit eigenen Informationen (Query) im GET-Header zu dem OpenID Server umleitet(4,5). Der OpenID Server sendet daraufhin das Login-Formular (6), nimmt die Zugansdaten entgegen (7), prüft diese und leitet den Client wiederum per Browser-Redirect zum Webserver um (8). Jedoch sind beim GET Request diesmal im Header signierte Daten vom OpenID Server enthalten (9). Dieser kommuniziert also auf diesem Wege indirekt mit dem Webserver. Direkte Kommunikation ist zwischen dem Web- und dem OpenID Server ebenfalls nach erfolgreicher Authentifizierung möglich. Der Webserver kann in weiteren Schritten den Login-Status bei dem OpenID Server überprüfen und ggf. weitere Informationen über den Benutzer einholen. Diese weiteren Informationen müssen explizit für den entsprechenden Dienst bzw. Webseite vom Benutzer freigegeben werden. (vgl. [OID07], [Re07] S. 62 ff). Die Abbildung 5-2 auf der nächsten Seitestellt diesen Vorgang dar.

Die Prüfung, Verwaltung und der Schutz der Daten entfällt bei dieser Lösung ebenfalls. Da OpenID ein freies System ist und jeder mit entsprechenden Kenntnissen einen eigenen OpenID Server einrichten und verwenden kann, entfällt auch die Bedingung des Vertrauens an den Betreiber des Webservers.

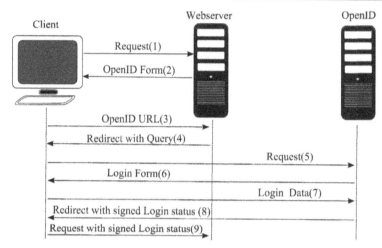

Abbildung 5-2: Login mit OpenID

Bei diesem Vorgehen kann jedoch nicht sichergestellt werden, dass sich nur Hochschulangehörige anmelden. Um dies sicher zu stellen, können Eigenschaften von E-Mailadressen und Domains herangezogen werden.

In der Regel bietet eine Hochschule einen eigenen Internetauftritt unter einer entsprechenden Domain an. Für Hochschulangehörige wird ebenfalls ein E-Mail Dienst bereitgestellt. Dabei entspricht der Domainteil der E-Mailadresse eben der, unter welcher der Webauftritt der Hochschule zu erreichen ist. Sowohl die Domain, als auch die E-Mailadresse sind weltweit einmalig und können einer Hochschule bzw. Person eindeutig zugeordnet werden. Bei der Erstanmeldung kann eine E-Mailadresse abgefragt werden, dessen Domainteil der Domain der Hochschule entspricht. An diese Adresse wird dann eine E-Mail geschickt, die einen generierten Bestätigungslink enthält. Durch das Klicken auf diesen wird ein Request an den Webserver gesendet und dieser schaltet das entsprechende Benutzerkonto frei. Mit diesem, als Double-Opt-In bezeichneten Verfahren lässt sich der Kreis der Benutzer ohne viel Aufwand beschränken. Eine ungewollte Bestätigungsmail gilt nach der aktuellen Rechtsprechung außerdem nicht als Spam, diesbezüglich sind also keine Probleme zu erwarten (vgl. [KaKu07]). Die eingegebene E-Mailadresse muss nicht gespeichert, jedoch kann vom Lokalteil ebenfalls der Hash für eine Blacklist erstellt werden. Statt OpenID kann alternativ eine herkömmliche Registrierung angeboten werden. Die Zugangsdaten müssen in dem Fall vom Betreiber des sozialen virtuellen Netzes verwaltet und geschützt werden.

6. Überprüfung durch Mitbenutzer

Im vorhergehenden Kapitel wurde das Problem der Authentifizierung besprochen. Es wurden Ansätze aufgezeigt, wie Nutzer ihre Hochschulzugehörigkeit nachweisen können. Werden, wie im Fallbeispiel, mehrere Benutzergruppen verwendet, muss es auch möglich sein, die Angaben zum Status, z.B. Dozent oder Mitarbeiter zu prüfen. Diese Personengruppen finden sich auf Mitarbeiterlisten wieder und sind außerdem durchaus innerhalb des Fachbereiches bzw. der Hochschule bekannt. Es liegt nahe, den Status durch zwei[6] weitere Benutzer bestätigen zu lassen, die bereits bestätigt sind. Das senkt den Aufwand für den einzelnen Administrator und fördert die Vernetzung der Benutzer untereinander, da sie ja dadurch darauf angewiesen sind. Bei anonymer Nutzung kann dieses Vorgehen nicht eingesetzt werden, da Rückschlüsse auf die Identität des Benutzers nicht herstellbar sein sollten.

7. Ausschluss bei Anonymität

Verstößt ein Benutzer gegen die Nutzungsbedingungen oder verhält sich unerwünscht, sollte dieser aus dem System ausgeschlossen werden können. Um eine Wiederanmeldung zu verhindern, müssen bestimmte personenbezogene Daten gespeichert werden. Bisher wurde die E-Mailadresse zur Authentifizierung als Hochschulangehöriger herangezogen. Ein Hash[7] des Lokalteils dieser kann für eine Blacklist verwendet werden. Um jedoch eine anonyme Nutzung zu ermöglichen, darf es keine systembedingte Verknüpfung zwischen den Beiträgen und der Identität des Benutzers geben, also auch nicht zwischen Benutzer und dem Hash des Lokalteils seiner E-Mailadresse. Es kann jedoch eine Liste mit Hash-Werten bisher bei der Registrierung verwendeter E-Mailadressen angelegt werden. Versucht sich ein Benutzer sich nochmals zu registrieren, kann die Aufnahme in das System

---

[6] Das Vier-Augen-Prinzip wird in vielen Bereichen eingesetzt. So Wird es bei Pair-Programming (XP), Administration und ähnlichem verwendet.
[7] Für die Bildung dieses Hash-Wertes sollten nur gegenwärtig als sicher geltende Verfahren eingesetzt werden. Zum jetzigen Zeitpunkt ist es SHA256 oder SHA512, jedoch nicht ältere Verfahren wie SHA1 oder MD5.

verweigert werden, da seine E-Mailadresse schon einmal für eine Registrierung verwendet wurde. Damit werden ebenfalls Mehrfachregistrierungen verhindert.

Systemintern kann der Benutzer anhand einer zufälligen Kombination aus Buchstaben und Zahlen (SystemID) identifiziert werden, welche bei der Registrierung angelegt werden muss und keine Rückschlüsse auf die Identität des Benutzers zulässt. Diese SystemID kann bei der Nutzung zur Kennzeichnung des Urhebers von Beiträgen verwendet werden. Wird OpenID eingesetzt, muss ebenfalls noch eine Zuordnung zwischen OpanID URL und SystemID erfolgen. Zeigen die Beiträge eines Benutzers ein unerwünschtes Verhalten auf, kann der Urheber aus den entsprechenden Gruppen, bei mehrfachem Fehlverhalten aus dem System ausgeschlossen werden. Es muss keine Zuordnung zum Hash der E-Mailadresse erfolgen, dieser bleibt weiterhin in der Liste erhalten. Eine nochmalige Registrierung unter der Verwendung dieser E-Mailadresse ist jedoch deshalb nicht möglich.

Kann ein Benutzer sein Benutzerkonto selbst löschen, bliebe jedoch in diesem Fall der Hash des Lokalteils seiner E-Mailadresse in der Liste erhalten und er hätte keine Möglichkeit sich selbst neu zu registrieren. In diesem Fall muss vor der Löschung die E-Mailadresse nochmals abgefragt werden, der Hash des Lokalteils gebildet und aus der Liste der verwendeten E-Mailadressen entfernt werden. Um möglichen administrativen Konflikten vorzubeugen, muss jedoch auch dem Administrator oder den Gruppenadministratoren die Möglichkeit gegeben werden, bei einer bestimmten Anzahl von Verstößen die Löschung des Hash-Wertes zu verhindern. Eine Verjährung von Verstößen ist ebenfalls denkbar.

8. Fazit

Es gibt durchaus Möglichkeiten web-basierende Kommunikationsangebote so zu gestalten, dass kaum oder keine personenbezogenen Daten benötigt werden. Die Authentifizierung durch Drittsysteme erspart die Verwaltung und Sicherung authentifizierungsbezogener Daten. Anonyme Nutzung und dauerhafter Ausschluss sind durchaus miteinander zu vereinbaren. Temporär wird nur die E-Mailadresse bzw. Zugangsdaten für den E-Mailserver als personenbezogene Merkmale benötigt. Die dauerhafte Speicherung dieser Daten ist jedoch unnötig. Prinzipiell sind die besprochenen Ansätze auch in anderen Umgebungen, als im Fallbeispiel einsetzbar. Sie können ebenso in mittelständischen Unternehmen Verwendung finden. Statt Fachbereiche können Abteilungen, statt Studenten und Dozenten können Angestellte und Management für die Benutzerrollen gewählt werden.

9. Zusammenfassung

Die anonyme Nutzung von asynchronen Kommunikationsmitteln ist in Zeiten von Vorratsdatenspeicherung und personalisierter Werbung ein wichtiges Thema. In der vorliegenden Arbeit wurde insbesondere auf Probleme sowie technische Aspekte eingegangen. Es wurden Ansätze aufgezeigt, welche einen datensparsamen Betrieb von Webangeboten mit interpersonellen Kommunikationsmöglichkeiten am Beispiel eines sozialen Netzwerkes einer Hochschule ermöglichen. Dabei wurde insbesondere auf die anonyme Nutzung und Authentifizierung durch Drittsysteme eingegangen. Weiterhin ist ein sozialer Ansatz zur Statusfeststellung besprochen worden.

10. Quellenverzeichnis

[AEU06]   Richtlinie 2006/24/EG des europäischen Parlaments und des Rates über die Vorratsdatenspeicherung von Daten, die bei der Bereitstellung öffentlich zugänglicher elektronischer Kommunikationsdienste oder öffentlicher Kommunikationsnetze erzeugt oder verarbeitet werden, und zur Änderung der Richtlinie 2002/58/EG: Amtsblatt der Europäischen Union. [online] Erhältlich unter:
http://europa.eu.int/eur-lex/lex/LexUriServ/site/de/oj/2006/l_105/l_10520060413de00540063.pdf
Zugriff: 30.11.2007,14:45

[BDSG06]   Bundesdatenschutzgesetz vom 20. Dezember 1990 (BGBl. I S. 2954), neugefasst durch Bek. v. 14.1.2003 (BGBl. I S. 66), geändert durch § 13 Abs. 1 des Gesetzes v. 5. 9.2005 (BGBl. I S. 2722 sowie Artikel 1 des Gesetzes v. 22.8.2006 (BGBl. I S. 1970) Nichtamtliche Fassung.[online] Erhältlich unter: http://bundesrecht.juris.de/bdsg_1990/
Zugriff: 30.11.2007,13:41

[Bo07]   Markus Born: Telepolis-Gespräch mit Bundesinnenminister Wolfgang Schäuble über Überwachung und Datenschutz, Freiheit und Sicherheit. [online] Telepolis, Heise Verlag, 31.10.2007. Erhältlich unter: http://www.heise.de/tp/r4/artikel/26/26516/1.html
Zugriff: 30.11.2007,15:58.

[Co92]   Collins, Mauri: Flaming: The Relationship Between Social Context Cues and Uninhibited Verbal Behavior. In Computer-mediated Communication [online]. Erhältlich unter:
http://www.emoderators.com/papers/flames.html
Zugriff: 01.12.2007,16:17.

[Dö03]   Döring, Nicola: Sozialpsychologie des Internet: Die Bedeutung des Internet für Kommunikationsprozesse, Identitäten, soziale Beziehungen und Gruppen. 2. Auflage. Göttingen: Hogrefe, 2003.

[Hö03]   Höflich, Joachim R.: Mensch, Computer und Kommunikatio: Theoretische Verortungen und empirische Befunde. Frankfurt am Main: Peter Lang, Europäischer Verlag der Wissenschaften, 2003.

[KaKu07]   Kaufmann, Noogie C.; Kuri, Jürgen: Bestätigungsmails bei Double-Opt-In sind kein Spam. [online] Heise Online, Heise Verlag, 23.01.2007. Erhältlich unter:
http://www.heise.de/newsticker/meldung/84119
Zugriff: 30.11.2007,15:58.

[Le92]   Lea, Martin et. al.: "Flaming" in computer-mediated communication: observations, explanations, implications. In Lea, Martin (Ed.): Contexts of computer-mediated communication. New York: Harvester-Wheatsheaf, 1992.

[Me07]   Meusers, Richard: Identitätsdiebstahl 2.0 [online]. Spiegel Online, 11.01.2007. Erhältlich unter:
http://www.spiegel.de/netzwelt/web/0,1518,459036,00.html
Zugriff: 30.11.2007,13:32.

[OID07]   What is OpenID? [online] Erhältlich unter:
http://openid.net/what/
Zugriff: 03.12.2007, 13:32.

[Or05]   O'Reilly, Tim: What is Web 2.0: Design Patterns and Business Models for the Next Generation of Software [online]. Oreilynet 30.09.2005. Erhältlich unter:
http://www.oreillynet.com/pub/a/oreilly/tim/news/2005/09/30/what-is-web-20.html
Zugriff: 5.12.2007, 14:15.

[Pa07]   Frank Patalong: Entscheidung: Bundesrat genehmigt Vorratsdatenspeicherung. [online] Spiegel Online. 30.11.2007. Erhältlich unter:
http://www.spiegel.de/netzwelt/web/0,1518,520604,00.html
Zugriff: 30.11.2007, 15:32.

[Re07]   Rehman, Rafeeq: The OpenID Book: A comprehensive guide to OpenID protocol and running OpenID enabled Web Sites. Dublin: Conformix Technologies Inc. 2007.

[RiLo87]   Rice, Ronald E.; Love, Gail: Electronic emotion: Socio-emotional content in a computer-mediated communication network. In: Communication Research, Nr. 14:1987, S. 85-108.

[SV07]   StudiVZ [online]. Erhältlich unter:
           http://www.studivz.de
           Zugriff: 01.12.2007, 20:01.

[TMG07]   Telemediengesetz. [online] Nichtamtliche Fassung. Erhältlich unter:
           http://www.gesetze-im-internet.de/tmg/
           Zugriff: 30.11.2007,13:41

[URG07]   Gesetz über Urheberrecht und verwandte Schutzrechte. [online] Nichtamtliche Fassung. Erhältlich unter:
           http://bundesrecht.juris.de/urhg/
           Zugriff: 30.11.2007,13:41

[WSN07]   „Wir speichern nicht!" Initiative. [online] Erhältlich unter:
           http://www.wirspeichernnicht.de/
           Zugriff: 30.11.2007,14:18

[XI07]   XING [online]. Erhältlich unter:
           http://www.xing.com
           Zugriff: 02.12.2007, 20:04.

11. Abbildungsverzeichnis